ALCANZA TUS METAS

Una guía práctica sobre cómo establecer metas
efectivas y lograr resultados extraordinarios

Por Roberto Zoia

Publicado por Roberto Zoia
https://zoia.org

Primera edición electrónica en Inglés: 2017
Primera edición electrónica revisada en Español: 2023
Primera edición impresa en Español: 2023

ISBN 9798871527108 (KDP Printed Edition)

CONTENIDO

Dedicado a Natalia, Lara, Giacomo, y Massimo.

Introducción

"Cualquier trabajo que puede ser medido en términos de productividad es un trabajo que no debería ser hecho por humanos. La productividad es para los robots."

– Kevin Kelly, cofundador de *Wired* Magazine

Solo los *nerds* de la productividad compran libros sobre productividad. Este no es un libro sobre cómo ser más productivo. Es un libro que te ayudará a tener claro qué es lo quieres lograr y cómo hacerlo. Lograr metas ambiciosas es algo que resuena con muchas personas. El tema es que, para lograr tus metas, necesitas un sistema. Y es ahí donde este libro encaja.

La palabra éxito quiere decir cosas distintas para distintas personas. Cabe preguntarse qué es lo que buscamos finalmente. En otro plano, podríamos decir que todos aspiramos a tener una vida plena, a ser felices. No hace falta ser especialmente perspicaz para caer en la cuenta de que el éxito material y la felicidad no van siempre de la mano.

En su libro *El hombre en busca de sentido*, Víktor Frankl propone que el sentido de la vida se encuentra en trascender el yo y contribuir al bienestar de los demás, a un propósito más grande. Al enfocarnos en algo más allá de nosotros mismos, encontramos un sentido más profundo.

Frankl también resalta la importancia del amor y el trabajo en la búsqueda de sentido. El amor a los demás y la dedicación a un trabajo significativo pueden enriquecer nuestra vida y darle propósito.

Es poco probable que podamos desarrollar nuestro potencial e influir positivamente en otros si no nos lo proponemos explícitamente. Tener buenas intenciones es un buen comienzo, pero usualmente no basta. La mayor parte de cosas que valen la pena no se logran de la noche a la mañana. Necesitamos dejar nuestra comodidad. Necesitamos metas, y una metodología para lograrlas.

Al plantearnos metas claras y definidas, podemos enfocar nuestros esfuerzos y energía en aquellas áreas que consideramos importantes. Esto nos permite ser más eficientes y efectivos en el logro de nuestros objetivos.

Por último, hay que tener en cuenta que la realización de nuestras metas no es un proceso lineal y que el camino para alcanzarlas no solo puede tener altibajos sino que muchas veces no está claramente definido. Es importante ser perseverantes y estar dispuestos a aprender de nuestros errores y fracasos para seguir avanzando.

* * *

Este libro es intencionalmente breve. No pretende ser la guía *definitiva* sobre cómo lograr nuestras metas. Tampoco pretende ser el único o el mejor modo de lograrlas. Se trata de compartir una metodología que está basada en lo que he aprendido de gente muy hábil, y que funciona bastante bien.

Mi deseo es que este libro te sirva de base para diseñar tu propio sistema y lograr lo que te propongas.

I. La gente exitosa no obtiene resultados de casualidad

– Gatito de Cheshire, ¿podrías decirme, por favor, qué camino debo seguir?
– Esto depende en gran parte del sitio al que quieras llegar–dijo el Gato.
– No me importa mucho el sitio… –dijo Alicia.
– Entonces tampoco importa mucho el camino que tomes–dijo el Gato.

De *Alicia en el País de las Maravillas*, por Lewis Carroll

Las personas exitosas no obtienen resultados de casualidad. Por supuesto, parte de los resultados se dan gracias a factores ajenos a nosotros pues nadie controla todas las variables. Pero las personas que logran lo que se proponen no están esperando a que la suerte los visite. Son intencionales en lo que hacen y abren nuevos caminos si es necesario.

Alejandro Magno (356-323 AC) creó uno de los grandes imperios del mundo antiguo con poco más de 20 años, y no fue por accidente. Tampoco fue la improvisación lo que llevó a Michael Phelps a ganar 23 medallas de oro olímpicas.

Lograr nuestras metas depende de nosotros. Podemos creer el mito de que nacemos con una combinación mágica de ADN, conexiones, privilegio, y suerte que conspiran para determinar lo que podemos lograr en la vida.

O podemos enfrentar la realidad de que hay un ancho camino para cada uno de nosotros, si estamos dispuestos a hacer algo para recorrerlo[1].

Definir nuestras metas nos da una visión más clara de lo que queremos lograr. Nos da dirección y foco. Nos ayuda también a preguntarnos sobre cómo usamos el tiempo, y si una determinada actividad es relevante para las metas que nos hemos propuesto o no.

Cuando no tenemos metas, es fácil engañarnos pensando que estamos avanzando solo porque no tenemos tiempo para nada y terminamos nuestros días agotados.

Sin embargo, no a todo el mundo le gustan las metas. Shawn Blanc, en su curso The Focus Course, dice que llevado al extremo, las personas caen en uno de dos grupos. Un grupo considera esencial tener metas para lograr cualquier cosa que valga la pena. Otro grupo, en cambio, prefiere vivir el momento y enfocarse en calidad de vida. Para este segundo grupo, el progreso es consecuencia de un compromiso con la excelencia en todos los aspectos de sus vidas.

Necesitamos una combinación de ambas posiciones. Vivir el presente es sobre la calidad con que vivimos cada momento. Pero siendo esto importante, uno no quiere simplemente "vivir el momento": quiere más bien vivir determinado momento, el *momento correcto*, el momento que nos acerca a donde queremos llegar. Desde otro ángulo, Peter Drucker lo resume diciendo que *la eficiencia es hacer las cosas correctamente; la efectividad es hacer las cosas correctas*[2].

Metas claras

Oliver Burkeman publicó hace algunos años un libro titulado *4,000 Semanas*. La idea del libro es que si vivimos 80 años—la media de vida esperada en muchos países—tenemos unas 4,000 semanas a nuestra disposición. No suena a mucho, especialmente si quitamos las semanas que ya vivimos.

Podemos querer hacer muchas cosas, pero el tiempo nos limita. Tenemos que escoger. Es necesario decidir cómo vamos a invertir nuestro tiempo, qué queremos lograr, y posponer o descartar otras cosas que no podremos hacer.

---

[1] cfr Godin, Seth. *Pick Four*.
[2] cfr Drucker, Peter F. *Principles of Management*.

La realidad de que el tiempo a nuestra disposición es limitado y de que hay que decidir qué hacer y qué dejar de hacer, tiene que reflejarse en nuestras metas. A continuación, algunas reflexiones sobre qué características deberían tener.

Las metas deben ser explícitas

Si nuestras metas son vagas o genéricas, no serán útiles pues no facilitarán el paso a la acción.

Por ejemplo, "hacer crecer mi negocio" suele ser una meta demasiado general como para ser útil. Si no descendemos a qué queremos decir con *hacer crecer*—crecer en cuánto, en cuánto tiempo, cómo, en qué mercados, con qué margen, etc.—*hacer crecer* terminará queriendo decir, en la práctica, "poner más esfuerzo", en general. Cuando se trata de metas, plantearse cosas "en general" no ayuda mucho.

¿Por qué es importante esta meta para mí?

Hacer las cosas porque nos apasionan tiene excelente marketing. Sin embargo, como probablemente hemos experimentado, la pasión no siempre responde a nuestros conjuros.

La motivación para seguir adelante a pesar de las dificultades—que tarde o temprano aparecen—viene de entender por qué queremos lograr una meta determinada. La pasión viene a posteriori, es el resultado de meterse a fondo en un tema, y no el antecedente.

Tener claro por qué buscamos algo es esencial y nos permite seguir empujando cuando el entusiasmo mengua. Esta es, quizá, la principal diferencia entre el amateur y el profesional. El profesional no espera a que las "ganas" cooperen para sacar las cosas adelante.

Preguntémonos: ¿por qué es importante para mí lograr esta meta? Al explorar los motivos por los que queremos lograr algo, notaremos que no todos los motivos son de igual "calidad".

Algunos ejemplos: El aprendizaje y desarrollo personal es un fuerte motivador para muchas personas. Cubrir nuestras necesidades básicas es importante pero, una vez cubiertas, cuánto más necesitamos? Trabajar en algo que tenga un impacto positivo en beneficio de otros mueve a muchos a dar su mejor esfuerzo. Determinadas señales de *status* pueden ser importante para algunas personas.

Cuando la motivación es pobre, es difícil sostener el esfuerzo necesario para lograr las cosas. Podemos buscar metas que se queden en algo externo—dinero, status, reconocimiento—o interno—aprendizaje, mejora personal, etc. Pero también podemos proponernos cosas que, junto con las primeras mencionadas, redunden en beneficio de otros o de la sociedad. Lo que algunos llaman motivación trascendente. En todo caso, debemos apuntar siempre a los motivos de mejor calidad que podamos.

Las metas deben estar alineadas con quien quieres ser

James Clear, autor de *Atomic Habits*, comenta que "para que nuestras acciones sean consistentes en el tiempo y para lograr metas de largo plazo, éstas deben estar alineadas con nuestros valores, nuestra identicad, y nuestras creencias más profundas."

Cabe preguntarse, ¿estamos dispuestos a asumir las consecuencias que exige lograr las metas que nos proponemos? Por ejemplo, hay personas que se plantean metas profesionales increíblemente ambiciosas. Pero no caen en la cuenta de los sacrificios que esa meta puede exigir a su vida familiar y, más en general, a su vida fuera del trabajo.

Al definir nuestras metas, estamos definiendo no solo dónde queremos llegar sino cómo queremos ser. Si nos equivocamos al fijar el destino, no importa cuánto nos esforcemos cada día. Como escribió San Agustín de Hipona (354-430 AC) hace siglos: *bene curris sed extra viam.* Corres bien pero fuera del camino.

Nos puede ayudar representar en nuestra mente cómo son los días en la vida de una persona que ha logrado ya la meta que queremos lograr. Busquemos ejemplos de personas que ya han logrado lo que buscamos, y tratemos de entender cómo lo lograron y qué implica recorrer ese camino.

Quizá podríamos obviar tanto análisis y fiarnos de nuestra intuición. Pero como explica Daniel Kahneman, premio Nobel de economía, la intuición funciona para las áreas específicas en las que uno ya tiene experiencia. De modo que en la mayoría de casos, guiarnos de un proceso base nos llevará a mejores resultados.

Alinear las expectativas

Uno de los motivos por los que la gente abandona sus metas antes de lograrlas es porque empieza con expectativas poco razonables.

Al respecto, Conor Neil relata una anécdota sobre Jeff Bezos, el fundador de Amazon. Cuando Bezos ya tenía fortuna y podía disponer de su tiempo como mejor le pareciera, se propuso aprender a pararse sobre las manos. Era algo que siempre había deseado hacer. De modo que contrató a una entrenadora para lograrlo.

En la primera sesión, la entrenadora le preguntó:

— ¿En cuánto tiempo piensa Usted que logrará pararse de manos?

Bezos contestó:

— Estoy en buena forma física, estoy comprometido con hacerlo, tengo una buena entrenadora… Estimo que en dos semanas lo podré lograr.

La entrenadora le contestó:

— En mi experiencia, le tomará al menos 6 meses lograrlo. Antes de empezar nuestro entrenamiento, quiero alinear las expectativas. Hasta que no acepte usted esta realidad, no empezaremos las sesiones.

Soñemos en grande y, a la vez, seamos realistas en cuanto a nuestras expectativas de tiempo y esfuerzo necesarios para lograr lo que nos proponemos.

No todas las metas son iguales

La capacidad de convertir una idea en realidad, de hacer que las cosas sucedan, es crítica. No hay atajos ni recetas mágicas para hacerlo. Por ejemplo, si queremos tener un desempeño 10 veces mejor que el desempeño promedio, entonces necesitamos extraer 10 veces más valor del tiempo limitado que tenemos. Esto exige trabajar en las cosas que tienen más impacto y del modo más eficiente posible de cara a la meta que queremos lograr.

Este es uno de los motivos por el que saber priorizar y dar a cada cosa el nivel de importancia adecuado es una capacidad tan valiosa. Poca gente logra esto sin algún tipo de *framework* o metodología, implícita o explícita, que los ayude a trabajar en lo que juzgan importante.

Un proceso para definir nuestras metas

El proceso que se describe a continuación es una guía que cada uno debe adaptar a sus necesidades. Dicho esto, mi consejo es que al menos una vez lo sigamos tal y como se describe.

En síntes s, el proceso es el siguiente:

- Escribe tus metas
- Clasifícalas (balance, tamaño, especificidad)
- Selecciona las metas más importantes
- Haz un perfil detallado

Paso 1. Escribe tus metas

Haz una lista de tus metas que incluya todo lo que te gustaría lograr, y sin detenerte demasiado a pensar cómo lo lograrías (habrá tiempo para eso más adelante).

Para hacer la lista, usa lo que mejor te acomode. No importa si es una hoja de cálculo o una libreta.

No te dejes limitar por la experiencia—buena o mala—, por lo que otros puedan pensar, ni por los recursos que necesitarías para lograr alguna de las metas. Para crear esta lista, no sobreanalices las cosas.

Las mejores ideas no suelen ser las que se nos ocurren la primera vez que pensamos sobre algo. De modo que es bueno dejar la lista reposar un día, o al menos unas horas. Nuestro cerebro necesita tiempo para conectar los puntos. Luego regresa, y completa la lista.

Paso 2. Clasifica tus metas

a. Balance

Revisa las metas que has escrito, y piensa en cómo encajan y afectan las diferentes áreas de tu vida. Esto te ayudará a entender mejor qué cosas consideras prioritarias. Por ejemplo, si quieres centrar tus metas alrededor del trabajo para poder lograr ahí el mayor impacto, considera cómo afectaría esto otros aspectos de tu vida.

Hay muchos esquemas para considerar las áreas de nuestra vida. Un esquema sencillo es el que propone Zig Ziglar: Profesional, Espiritual, Familiar, Financiero, Mental, Físico y Social.

Revisa la lista, y asigna cada meta a una de las siete áreas.

b. Metas grandes vs. Metas pequeñas

No debemos conformarnos con poco. Apuntemos a ser la mejor persona que podamos ser.

Tim Ferriss dice que la mayoría de personas están convencidas de que no lograrán cosas extraordinarias. Apuntan a metas mediocres y se consideran a sí mismos "realistas". Pero los resultados extraordinarios vienen de salir de nuestra zona de confort y apuntar alto. "La gente altamente exitosa empuja los límites de lo que puede lograr. Sueñan y desean profundamente lograr cosas que están más allá de lo que normalmente lograrían[3]."

Dejemos de sobreestimar a los demás y subestimarnos a nosotros mismos. Podemos hacer más de lo que pensamos.

No todas las metas necesitan ser grandes metas o exigirnos al límite. Pero algunas de ellas sí. Si solo nos conformamos con metas pequeñas, en realidad es más sencillo dejar este ejercicio y hacer cada día lo que nos diga la intuición. Los resultados no serán muy diferentes.

Las metas grandes requieren, por supuesto, mayor esfuerzo. "El verdadero reto no es tanto definir si queremos obtener resultados, sino si estamos dispuestos a aceptar los sacrificios y compromisos necesarios para alcanzar nuestra meta. ¿Estás dispuesto a asumir el estilo de vida que viene con el camino que vas a emprender? ¿Estás dispuesto a perseverar en el camino aburrido y a veces desagradable por el que hay que pasar antes de lograr los glamorosos y apasionantes resultados?[4]"

Revisa la lista de metas que has escrito. Anota junto a cada meta si la consideras grande o pequeña.

c. Metas vagas vs. Metas concretas

Las preguntas amplias y generales son buenas para hacer tormentas de ideas, pero si queremos éxito en áreas específicas necesitamos metas concretas y específicas. De lo contrario, nuestras metas pueden terminar siendo una declaración de buenas intenciones, pero nada más.

Una meta concreta especifica va acompañada de un plazo para lograrla. El error más frecuente por el que las personas no logran sus metas—afirma Taylor Pearson, autor de *The End of Jobs*—es que no definen una fecha para lograrlas.

---

[3] Keller, Gary. *The One Thing: The surprisingly simple truth behind extraordinary results.* p. 167.
[4] Clear, James, *Goal Setting: A Scientific Guide to Setting and Achieving Goals.*

Otro punto importante es definir cómo vamos a medir el progreso hacia esa meta. ¿Qué tiene que suceder para que podamos decir que hemos tenido éxito? ¿Cómo mediremos el avance?

Volvamos a revisar la lista, asegurándonos de que nuestras metas sean suficientemente concretas.

Paso 3. Selecciona las más importante

En cierta ocasión, Warren Buffet, el legendario inversionista y CEO de Berkshire Hathaway estaba conversando con el piloto de su avión privado[5]. Buffet le pregunta al piloto si tiene sueños más grandes que pilotear el avión. El piloto le contesta que efectivamente, tiene planes más grandes.

A continuación, Buffet le explica al piloto las tres cosas que debe hacer para lograr sus sueños:

La primera, escribir en un papel veinticinco metas que quisiera lograr.

La segunda, hacer algo de introspección y marcar las cinco metas más importantes para él. Solo cinco.

Finalmente, la tercera. Debe darle una buena mirada a las veinte metas que no marcó, pues "esas son las metas que debes evitar a toda costa. Son las metas que te distraerán, que te robarán tu tiempo y energía, alejando tu vista de las metas que son importantes para ti."

Debemos tener en cuenta que "una de las más grandes barreras para lograr nuestras metas son las otras metas que podamos tener. En otras palabras, nuestras metas compiten entre ellas por tu tiempo y atención."

No podemos hacer todo a la vez. Puede no gustarnos, pero cada elección tiene un costo. Intentar trabajar en demasiados frentes a la vez nos llevará a la dispersión, y luego a la frustración y desánimo cuando constatemosnuestro escaso avance. Por tanto, revisemos una vez más nuestra lista y decidamos en qué metas vamos a trabajar y en cuáles no.

---

[5] Anécdota recogida en *Grit. El poder de la pasión y la perseverancia*, por Angela Duckworth. Los entrecomillados de esta página también son del mismo libro.

La siguiente plantilla puede servir para hacer la lista de metas, clasificarlas según área, ambición, especificidad y finalmente seleccionar unas pocas metas.

	META	Balance	Grande o Pequeña	¿Suficientemente específica?	¿Finalista?
		Áreas: Profesional, Espiritual, Familiar, Finaciera, Mental, Física, Social		¿Está acotada en el tiempo? ¿Cómo mediremos el progreso?	
1					
2					
3					
4					
5					
6					
7					
8					
9					
10					
11					
12					

Paso 4. Haz un perfil detallado

Ya tenemos nuestras metas claras. El siguiente paso es hacer un 'perfil' más detallado para las metas con las que nos hemos quedado. Este perfil será útil como una referencia a la que podemos volver cuando revisemos periódicamente nuestras metas y acciones. Para este paso, tomaremos prestado del libro *The Seven Steps of Goal Setting*, de Zig Ziglar, y de *Pick Four*, la adaptación del libro hecha por Seth Godin.

Contestemos las siguientes preguntas para cada meta en nuestra lista:

Beneficios de alcanzar esta meta. ¿Por qué me interesa esta meta? La motivación—los motivos por los que nos interesa algo—es importante de modo que no nos desanimemos cuando el entusiasmo inicial desaparezca (como suele suceder).

No nos conformemos con la primera respuesta que se nos venga a la cabeza. Acordémonos de que *las personas no quieren comprar una broca de 1/4", quieren un agujero de 1/4"*[6]. Por ejemplo, el dinero rara vez es una meta en sí mismo y es una motivación de poca calidad para moverse a hacer cosas. La verdadera pregunta es: ¿qué pensamos hacer con el dinero?

Obstáculos a superar. No podemos conocer todos los obstáculos que nos encontraremos por delante, pero sí hay algunos que podemos anticipar. Una meta que no presenta obstáculos es una meta que cualquiera puede lograr.

También hay que considerar los obstáculos para evitar caer en expectativas irreales respecto al esfuerzo o tiempo que algo puede demandar. Las expectativas irreales es uno de los motivos por los que las personas abandonan sus metas.

Conocimiento y habilidades necesarias. No pensemos solo en nuestros conocimientos y habilidades. Quizá necesitemos buscar otras personas que tengan parte de las habilidades que necesitamos, o del conocimiento necesario.

Personas y grupos con los que debemos trabajar. Hagamos una lista de las personas de las que requerimos ayuda para lograr esta meta. Puede tratarse de personas que conozcamos directamente, personas en tu red de contactos, o personas a las que aun no sabemos cómo llegar.

Si es el caso, también debemos incluir a las personas que evaluarán el resultado del proyecto, o tienen que dar su aprobación.

Plan para alcanzar esta meta. Escribamos con el mayor detalle posible lo que implica alcanzar esta meta, como lo vemos en este momento.

La siguiente plantilla te puede servir para afinar tus metas.

---

[6] Frase atribuída a Theodore Levitt, economista y profesor de la Harvard Business School.

META	
Beneficios de alcanzar esta meta. ¿Por qué me interesa?	
Obstáculos a superar	
Habilidades y conocimiento necesario	
Personas y grupos con los que debo trabajar	
Plan para alcanzar esta meta	

En resumen...

- Las personas exitosas no obtienen resultados de casualidad, sino que son intencionales en lo que hacen y abren nuevos caminos si es necesario.

- Definir nuestras metas nos da una visión más clara de lo que queremos lograr, nos da dirección y foco, y nos ayuda a preguntarnos si una determinada actividad es relevante para nuestras metas.

- Las metas deben ser explícitas, deben tener una razón de ser importante para nosotros, y deben estar alineadas con la persona que queremos ser. También debemos ser realistas en cuanto a la cantidad de tiempo que tenemos para alcanzar nuestras metas.

II. Planeamiento

"La productividad nunca es un accidente. Siempre es el resultado de comprometerse con la excelencia, del planeamiento inteligente, y del esfuerzo enfocado."

— Paul J. Meyer

¡Felicitaciones! Hemos definido nuestras metas, lo cual es un paso importante. Sin embargo, del mismo modo que declarar que vamos a correr una maratón no añade nada a nuestra capacidad real de llegar a la meta, definir nuestras metas no es garantía de que las vayamos a alcanzar.

A efectos de este libro, un *plan* es un programa organizado de acciones que debemos realizar para alcanzar una meta. Un *sistema* es el conjunto procedimientos necesarios para hacer algo.

"Las metas son buenas para planear tu progreso, los sistemas son buenos para lograr ese progreso[7]." Por ejemplo, si nuestra meta es correr una maratón, el plan podría ser contratar a una entrenadora, o lograr unos hitos intermedios antes de una fecha predeterminada. Parte del sistema podría ser el calendario y contenido detallado de los entrenamientos diarios y el régimen de alimentación que debemos seguir.

Otro ejemplo. Si nuestra meta es leer 24 libros en el año, necesitamos descender al detalle de cuántos libros deberíamos leer en promedio cada mes (dos), e incluso cuántas páginas, en promedio, deberíamos leer cada día. Si un libro tiene 300 páginas—otra vez, en promedio—entonces deberíamos apuntar a leer 20 páginas cada día.

---

[7] Clear, James. *Goals and Systems*.

Es decir, nuestro sistema será leer 20 páginas al día, y ese debería ser nuestro foco cada día mientras no sea el día de revisar nuestro avance. Luego, deberíamos descender al detalle de bloquear en nuestro horario el tiempo para leer esas 20 páginas cada día.

Decidir sobre la marcha qué es lo que debemos hacer a continuación no solo es ineficiente y desgastante, sino el camino al fracaso. Un buen plan nos permite "olvidarnos" de nuestra meta en el corto plazo y concentrarnos en el proceso. Tener un plan garantiza que nuestras acciones estén alineadas con nuestras metas. Un sistema, por su parte, nos dice qué acciones concretas debemos realizar cada día.

En su libro *Rituales Cotidianos: Cómo trabajan los artistas,* Mason Currey recoge los sistemas y rutinas de 116 novelistas, poetas, guionistas, pintores, filósofos, científicos y matemáticos a lo largo de los años.

Aunque a primera vista mucha gente pensaría que un trabajo creativo difícilmente puede ceñirse a horarios y sistemas, la realidad es que la mayoría de estos "creativos" de reconocido prestigio seguían rituales y sistemas para hacer su trabajo.

Por ejemplo, sobre el conocido novelista y autor de varios best-sellers Haruki Murakami, Curry comenta: "Cuando está escribiendo una novela, Murakami se despierta a las cuatro de la mañana y trabaja entre cinco y seis horas seguidas. Por las tardes corre, nada (o las dos cosas), hace algún recado, lee y escucha música; se acuesta a las nueve. 'Mantengo esta rutina cada día sin variaciones (...). La repetición en sí se vuelve lo importante; es una forma de mesmerismo. Me hipnotizo para alcanzar un estado mental más profundo.'[8]"

Esto no quiere decir que en nuestro horario no quepa la flexibilidad o la variación. Pero ser flexibles y poner excusas son cosas distintas. James Clear, autor del libro *Atomic Habits*, afirma que no nos elevamos a la altura de nuestras metas, sino que caemos al nivel de nuestros sistemas.

Llevemos el control de cuántos días ininterrumpidos seguimos nuestro sistema, y cuántos días lo variamos por circunstancias bajo nuestro control. Para alcanzar nuestras metas, antes que grandes ideas necesitamos sistemas y la constancia para seguirlos.

---

[8] cfr Currey, Mason. *Daily Rituals: How Artists Work.*

Ningún plan sobrevive el contacto con la realidad

Helmuth von Moltke, arquitecto de las Guerras de Unificación Alemanas, decía que ningún plan de batalla sobrevive el contacto con el enemigo[9]. Y sin embargo, a veces planeamos las cosas como si todo estuviera bajo nuestro control. Nos olvidamos de que el espectro de cosas que controlamos es, en la práctica, limitado. A esto hay que añadir que, como dice Marshall Goldsmith, somos excelentes para planificar pero no tan buenos para ejecutar[10].

Nuestros planes están basados en la información disponible en el momento en el que los ideamos. Si las circunstancias cambian, deberemos adaptarlos para llegar a nuestra meta. Esperar que nuestro día se desarrolle tal y cual lo planeamos no solo es ingenuo sino el camino a la frustración. ¿Cuándo fue la última vez que algo no trivial salió tal y como lo planeamos?

Cómo diseñar un plan para lograr nuestras metas

Quizá uno de los modos más simples y efectivos de hacer un plan es desagregar cada meta en las metas intermedias que necesitaremos alcanzar. "Esto ayuda a activar el pensamiento estratégico que necesitamos para nuestros planes y para alcanzar resultados extraordinarios.[11]"

Gary Keller, en su libro *The One Thing*, propone el siguiente esquema. Keller maneja distintos horizontes de tiempo, desde "algún día" (lo que queremos en el muy largo plazo) hasta este mes, esta semana, hoy...

Para cada meta, hagámonos las siguientes preguntas:

---

[9] El boxeador Mike Tyson tiene su propia versión de este dicho. Tyson dice: todo el mundo tiene un plan hasta que lo golpean en la cara.

[10] Goldsmith, Marshall. *Triggers. Creating Behavior That Lasts-- Becoming the Person You Want to Be.*

[11] Las preguntas están tomadas del libro de Gary Keller y Jay Papasan *The One Thing: The surprisingly simple truth behind extraordinary results.* Como dice Shawn Blanc en *The Focus Course*, hay muchos recursos para estructurar nuestras metas, pero este enfoque es asequible, amigable y aterrizado.

1. Meta de "algún día". ¿Qué es lo que quisiera lograr algún día—un futuro lejano—con respecto a esta meta?

2. Basado en mi meta de "algún día", ¿qué es lo que puedo hacer en los próximos *cinco años* para lograrla?

3. En base a mi meta de cinco años, ¿qué es lo que puedo hacer el *próximo año* para lograr mi meta de cinco años, y así acercarme a lograr mi meta de *algún día*?

4. En base a mi meta del próximo año, ¿qué es lo que puedo hacer este mes para lograr mi meta anual, y así encaminarme a lograr la de cinco años, y la de *algún día*?

5. Basándome en mi meta mensual, qué es lo que puedo hacer *esta semana* para lograr mi meta *mensual*, y así encaminarme a lograr mi meta anual, la de cinco años, y la de algún día?

6. Basándome en mi meta semanal, ¿qué es lo que debo hacer *hoy* para lograr mi meta de esta semana, y así encaminarme a lograr mi meta mensual, anual, y la de algún día?

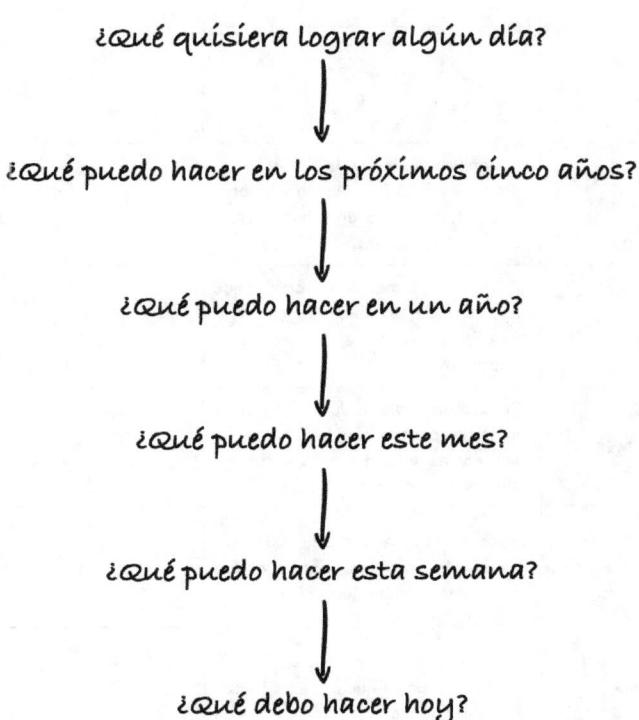

¿Qué quisiera lograr algún día?

¿Qué puedo hacer en los próximos cinco años?

¿Qué puedo hacer en un año?

¿Qué puedo hacer este mes?

¿Qué puedo hacer esta semana?

¿Qué debo hacer hoy?

Plantearnos una meta para un futuro lejano e indeterminado —"algún día"— nos permite pensar en nuestras metas sin las limitaciones que vemos hoy. Por otro lado, desagregar nuestras metas hasta llegar a un punto en que podamos definir en qué vamos a trabajar el día de *hoy*, nos ayuda a tener un plan concreto para avanzar nuestras metas cada día.

La siguiente plantilla te puede servir para traer nuestra meta al presente.

	META	
5 AÑOS	Basándome en mi meta de largo plazo, ¿qué es lo único que debería haber hecho en 5 años para estar en camino de lograrla?	
1 AÑO	Basado en mi meta de 5 años, ¿qué es lo único que debería lograr en un año para estar en camino de lograrla?	
1 MES	Basado en mi meta de 1 año, ¿qué es lo único en lo que debo enfocarme este mes para estar en camino de lograrla?	
1 SEMANA	Basándome en mi meta de este mes, ¿qué es lo único que debería hacer esta semana para lograrla?	
HOY	Basado en mi meta de la semana, ¿qué es lo único que debería hacer hoy para lograrla?	

Logrando progreso cada día

Un buen indicador de la importancia que le damos a algo es el tiempo que le dedicamos. Si queremos avanzar nuestras metas, necesitamos invertir tiempo en ellas todos los días.

Kevin Kelly afirma que lo que necesitamos no es más tiempo, pues todo el tiempo que tenemos está ya a nuestra disposición. Lo que necesitamos es enfocarnos[12]. También dice que si nuestra meta no tiene un horario, entonces no tenemos una meta sino un sueño. Muchas personas piensan que están trabajando activamente en sus metas, pero en realidad dejan que otros temas que aparecen cada día marquen la prioridad.

Un modo de ser más objetivos respecto a nuestro uso del tiempo es anotar durante una semana lo que hacemos hora a hora durante el día,

---

[12] Cfr. Kevin Kelly, *Excellent Advice for Living, p. 65.*

desde que nos levantamos hasta que nos acostamos. Después de una semana, podemos revisar el *tiempo real* que hemos dedicado a nuestras metas, y compararlo con el que dedicamos a otras cosas que quizá fueron urgentes pero que no nos ayudaron a avanzar nuestras metas. Garantizo que nos sorprenderemos del resultado.

Un modo de usar mejor nuestro tiempo es separar bloques de tempo en la agenda. Es una técnica sencilla que nos ayuda a asignar, por delante, tiempo a tareas específicas en nuestro calendario, de modo que nos aseguremos de que lo que debemos hacer efectivamente se hace, o como mínimo aparece en nuestro plan del día. Como dice el refrán, muéstrame tu agenda, y te diré tus prioridades.

Otro tema importante son las interrupciones, tanto las de otras personas como las que generamos nosotros mismos. Varios estudios científicos estiman que cada vez que cambiamos de tarea momentáneamente para luego regresar a lo que estábamos haciendo, pagamos un "peaje mental". Ese "peaje" afecta tanto nuestro desempeño que algunos lo consideran equivalente a una disminución temporal en nuestro IQ, el coeficiente intelectual.

Agrupar tareas similares en bloques de tiempo consecutivos nos permite hacer más porque no necesitamos cambiar de contexto entre tareas.

Bloquear el tiempo también mejora nuestra efectividad. Poner límtes de tiempo nos ayuda a controlar el ansia que puede aparecer de cedicar demasiado tiempo a detalles menores y sin consecuencia, y nos fuerza a ver la figura de conjunto.

Abramos nuestro calendario. Cada día, agendemos el tiempo que necesitemos para lograr nuestras metas de la semana. Agendemos una cita con nosotros mismos. Contestar el correo electrónico, reuniones, y otros proyectos deberían pasar a un segundo plano y deberían agendarse alrededor de ese tiempo principal. Si es nuestro calendario de trabajo y lo compartimos con otros, marquemos ese tiempo como ocupado para que no nos agenden reuniones en esos bloques.

¿Cuánto tiempo deberíamos agendar? Al preguntarnos *qué es lo que puedo hacer la próxima semana que me encamine a cumplir mi meta de este mes*, deberíamos también llegar a un estimado de cuánto tiempo requerirá esa meta concreta esta semana. Ese es el tiempo que deberíamos repartir cada día, siempre tratando de que sean bloques ininterrumpidos de trabajo.

No nos olvidemos de considerar algo de margen para las contingencias y eventos inesperados que necesariamente aparecerán. Las agendas detalladas al minuto terminan siendo poco realistas.

Protegiendo tu tiempo

Quizá la parte más difícil de llevar este sistema a la práctica es proteger nuestros bloques de tiempo. Según un estudio de Gloria Mark[13] (2005), el *knowledge worker* promedio es interrumpido cada 11 minutos, y le toma alrededor de 25 minutos para retomar el trabajo que interrumpió. Pero el 41% de las veces, sufre dos interrupciones más antes de poder retomar el trabajo inicial.

Si queremos lograr nuestras metas, tendremos que hacer algo para escapar de esta tendencia estadística. Las personas que nos rodean o trabajan con nosotros no necesariamente saben de nuestros compromisos. Tendremos que ser firmes y *decir que no* a otras cosas durante nuestros bloques de tiempo de trabajo. Aprender a decir que "no", por ejemplo, cuando alguien trata de agendarnos una reunión, o entra a nuestra oficina y nos interrumpe, o nos envía un mensaje. Con la práctica aprenderemos a decir que "no" sin ofender y sin temor a que se lo tomen a mal.

También hay que saber calar que tan urgente es lo que nos piden cuando nos interrumpen. Por ejemplo, si tenemos jefe y éste nos pide algo urgente, muchas veces lo urgente para nuestro jefe es delegarnos el tema *ahora*, y no necesariamente espera que dejemos todo para hacerlo inmediatamente.

Protegiendo nuestro tiempo de nosotros mismos

Proteger nuestra agenda de eventos externos puede ser un reto. Pero no hay que subestimar el esfuerzo que supone proteger nuestro tiempo de nosotros mismos.

Dedicar periodos largos de tiempo a nuestras metas nos puede parecer imposible cuando hay tantas cosas que hacer. La realidad que debemos aceptar es que no podemos abarcar todo. Si queremos resultados extraordinarios, e incluso resultados promedio, tendremos que decir que no a otras cosas. Tendremos que aceptar que hay cosas que nos gustaría

---

[13] cfr Mark, Gloria; González, Victor M; Harris, Justin. *No Task Left Behind? Examining the Nature of Fragmented Work.* (2005).

hacer, pero que en el largo plazo no son importantes para nosotros. O mejor dicho, que hay cosas más importantes para nosotros.

Algunas personas dedican cada mañana a sus tareas más importantes. Esto les permite dedicar su mejor tiempo y energía a avanzar sus metas. El resto del día lo emplean en otras cosas que también hay que hacer, pero menos importantes o no tan productivas como reuniones informativas, contestar correos, etc.

Otras interrupciones vienen de nuestros dispositivos móviles. No es fácil resistir mirar el teléfono cuando anuncia que hemos recibido un nuevo mensaje. Pasar al tab de nuestra red social favorita en el navegador solo toma un click, pero interrumpe nuestra concentración. Quizá tenemos un problema de procrastinación[14]. Quizá pensamos que, aunque la ciencia nos diga lo contrario, podemos manejar varias tareas a la vez (por ejemplo, mantener una conversación por mensajes de texto mientras asistimos a una reunión por video y, además, revisamos nuestro correo).

El trabajo intenso requiere tiempo ininterrumpido, tiempo en el que nos enfocamos en una sola tarea.

Cuando trabajemos en nuestras metas, cerremos el mail y el chat, pongamos nuestro teléfono en modo silencioso, y pongamos los medios para mantener las distracciones en la orilla. Si nos viene a la cabeza alguna idea no relacionada con lo que estamos haciendo, o recordamos un tema pendiente, anotémoslo en algún lado para resolverlo después. El simple hecho de anotarlo nos dará la tranquilidad de que ese tema pendiente no caerá en el olvido, mientras que nos centramos en avanzar nuestras metas.

En resumen...

---

[14] La procrastinación se da cuando tenemos la opción de a. Hacer un trabajo más importante; b. Hacer un trabajo menos importante; o, c. No hacer nada en absoluto... y consistentemente escogemos hacer b o c. (cfr HBR, *Time Management*). El próximo capítulo trata del tema en más profundidad.

Hay mucho escrito sobre procrastinación. Por ejemplo, Aaron Swartz (1986-2013), programador, emprendedor, autor y agitador político, escribió un excelente ensayo sobre el tema titulado *Be More Productive*.

- Definir metas es importante, pero no es garantía de alcanzarlas. Es necesario establecer un plan y un sistema de acciones organizadas para lograrlas.
- Un buen plan y sistema garantiza que nuestras acciones diarias estén alineadas con nuestras metas y nos dice qué acciones concretas debemos realizar cada día para lograrlas.
- Para alcanzar nuestras metas, necesitamos sistemas y la constancia para seguirlos. No nos elevamos a la altura de nuestras metas, sino que caemos al nivel de nuestros sistemas.
- Es necesario ser flexibles y adaptar nuestros planes cuando las condiciones cambian. Desagregar cada meta en metas intermedias es una buena estrategia para diseñar un plan efectivo.

III. Procrastinación

"Piensa en todos los años que han pasado en los que te dijiste: 'lo haré mañana'; y en cómo los dioses, una y otra vez, te han dado periodos de gracia que no has aprovechado. Es hora de que te des cuenta de que eres parte del universo (...) y que, por tanto, el tiempo del que dispones tiene un límite ya determinado."

— Marco Aurelio

Procrastinar es retrasar algo que debemos hacer. Tim Urban lo define como arruinar tu vida sin motivo aparente. Es una de las fuerzas que nos impide avanzar en lo que nos hemos propuesto, y uno de los mayores enemigos que hay que enfrentar para hacer cualquier cosa que valga la pena.

La procrastinación es compatible con trabajar sin descanso y terminar el día agotados, pues de lo que se trata no es solo de trabajar sino de trabajar en las cosas que debemos.

Se trata de un problema tan antiguo que ya los antiguos filósofos griegos como Sócrates y Aristóteles tenían una palabra específica para describirlo: *Akrasia*. Caemos en la *akrasia* cuando actuamos contra nuestro mejor juicio, haciendo una cosa cuando sabemos que deberíamos estar haciendo otra.

Por qué procrastinamos

James Clear, autor de *Atomic Habits*, comenta que cuando nos proponemos una meta, estamos en realidad haciendo planes para nuestro "yo futuro". El yo futuro es la versión responsable y comprometida de nosotros mismos. Valora las recompensas de largo plazo, es racional. No conoce de los imprevistos que pueden surgir cada día.

El detalle es que el que ejecuta los planes no es el yo futuro—que no existe todavía—sino el "yo presente". El yo presente está más pendiente del corto plazo y la gratificación inmediata, y tiene que lidiar con los detalles del día a día.

En su libro *Imaginable*, Jane McGonigal explica que cuando tratamos de ponernos en los zapatos del yo futuro, en cierto modo lo vemos como un tercero, como una persona distinta a nosotros. Tan distinta al punto que nos puede costar ser empáticos con esta versión futura de nosotros mismos.

Esta dicotomía entre el yo presente y el yo futuro se llama *inconsistencia temporal*. Es el sesgo por el que damos más valor a la gratificación inmediata sobre satisfacción de largo plazo, aunque ésta última sea más de fondo y mayor.

San Agustín dice que con frecuencia escogemos bienes menores sobre los superiores, y que no es un problema de conocimiento, sino de voluntad. Podemos ver con claridad qué necesitamos hacer, pero cuando llega el momento de hacerlo nos distraemos con cosas que son más gratificantes en el corto plazo. Nos acostamos motivados con hacer un cambio, pero al día siguiente caemos en las rutinas de siempre.

Otras veces tenemos toda la intención de centrarnos en lo que debemos hacer, pero no sabemos manejar las circunstancias externas— distracciones, imprevistos, interrupciones— que nos sacan del flujo de nuestro trabajo.

Hay modelos de negocio enteros alrededor de esta realidad. Los gimnasios, por ejemplo, están dimensionados para que asista un porcentaje relativamente bajo del total de suscriptores o "socios". Venden suscripciones a nuestro yo futuro, que desea logicamente mejorar su salud y estado físico. Pero el yo futuro de un gran número de socios del gimnasio termina cediendo ante la comodidad y rara vez acude a la cita.

Algunas ideas para combatir la procrastinación

Reconozcamos el problema

El primer paso para combatir la procrastinación es reconocer que tenemos un problema. Hay personas a las que el ego les impide reconocer que caen en la procrastinación, como si eso dijera menos de su calidad personal o profesional. Y justamente por no reconocer el problema, no ponen los medios para superarlo. El ego nos puede cegar a nosotros también.

Entendamos qué nos motiva

Detrás de la procrastinación se oculta muchas veces una motivación pobre. Como el yo presente y el yo futuro se mueven por motivaciones distintas, es importante saber traducir al presente lo que nos motiva hacia determinada meta.

Sin embargo, si la meta de largo plazo no nos motiva—si el yo futuro no está motivado—, entonces hay poco que podamos hacer. Si nos encontramos una y otra vez postergando un proyecto, cabe preguntarnos si realmente nos interesa. Quizá es preferible dejarlo de lado.

Pongamos plazos y fechas límite

Cuando lo que tenemos que hacer tiene una fecha límite, quizá nos distraigamos y retrasemos el trabajo, pero lo más probable es que la presión del plazo nos termine moviendo a la acción. En cambio, cuando no hay fechas definidas, los efectos de la procrastinación pueden ser más devastadores.

Tim Urban habla de crear un "Panic Monster", una situación en la que nos veamos urgidos a hacer lo que debemos. Por ejemplo, nos puede ayudar poner fechas límite artificiales o plazos más cortos. Pero si el compromiso es solo con nosotros mismos, la fecha límite artificial puede no ser muy eficaz.

Comprometámonos a rendir cuentas

Saber que vamos a tener que rendir cuenta a un tercero de nuestro avance, suele ser un incentivo bastante eficaz para ponernos a trabajar.

Un "accountability partner" o un compañero de rendición de cuentas es una persona con la que nos comprometemos a trabajar puntos especificos en un determinado plazo.

Esta persona no necesita siquiera trabajar en nuestro equipo ni entender el detalle de nuestro trabajo. Por ejemplo, Marshall Goldsmith, el conocido coach de ejecutivos, contrató una persona para que todos los días al final del día lo llamara para hacerle una serie de preguntas previamente establecidas por el mismo Marshal y asignarle un puntaje a cada una. Solo saber que al final del día vamos a tener que ponernos una calificación ante un tercero puede ser un poderoso motor para vencer la procrastinación.

Tengamos claro lo más importante cada día

Empezar a trabajar sin tener claro cuáles son las cosas más importantes que queremos hacer en el día es una invitación a la procrastinación.

Debemos establecer las tres o cuatro cosas más importantes que queremos hacer cada día, y planear el resto de cosas alrededor de ellas.

Empezar haciendo algo que sea sencillo y gratificante

Así como una reacción química necesita cierta energía para iniciar, empezar a trabajar requiere cierto nivel de esfuerzo. Pero una vez que empezamos a trabajar, el esfuerzo requerido disminuye, las cosas fluyen y las ansias de procrastinar desaparecen. Es importante, por eso, lograr el impulso inicial que nos permita meternos de lleno en el trabajo.

El conocido escritor de ficción Stephen King comenta que siempre termina sus sesiones de escritura en medio de una escena, dejándola incompleta. Esto le permite empezar al día siguiente donde se quedó, en vez de empezar pensando una nueva escena desde cero. Así aprovecha el impulso del día anterior y se sumerge directamente en el flujo de la escritura.

Desglosar nuestras metas en acciones concretas

Como ya hemos dicho, muchas veces la procrastinación viene por la falta de claridad acerca de lo que tenemos que hacer.

Para saber cuáles son las cosas en las que debemos trabajar cada día, necesitamos descomponer nuestras metas en tareas concretas, sobre las que podamos actuar.

Por ejemplo, si nos proponemos aprender un idioma, necesitamos averiguar qué alternativas de clases hay disponibles; evaluar si queremos clases grupales o individuales; presenciales u online; definir cuánto estamos dispuestos a invertir económicamente; decidir qué dominio del idioma queremos tener en un tiempo determinado; etc. Luego vendrán las clases y la práctica del idioma propiamente, que tienen su propia dinámica, que también deberíamos definir.

Si no llegamos a ese detalle fino, actuaremos por intuición o por atolondramiento. Sobre todo, al no tener claridad de lo que debemos hacer, seremos presa fácil para la procrastinación.

Hábitos y rutinas

Los hábitos y rutinas son una poderosa herramienta para vencer la procrastinación. Un hábito es una acción que, a fuerza de repetición, se vuelve como una segunda naturaleza para nosotros, de modo que una vez adquirido no requerimos mayor esfuerzo para ponerlo en práctica.

Las rutinas o rituales son secuencias de acciones intencionales que nos ayudan a prepararnos mentalmente para una tarea.

Debemos encontrar rutinas que funcionen para nosotros. Esto puede tomar tiempo, y lo que funciona en una etapa de nuestra vida puede no funcionar más adelante. El punto es que tener una rutina para realizar nuestro mejor trabajo nos permite enfocarnos en el trabajo en vez de gastar energía en pensar qué vamos a hacer.

Conclusión

Todos podemos caer presas de la procrastinación. A la vez, todos podemos vencerla. Es una batalla que se gana día a día, con sus avances y retrocesos. A base de esas mejoras diarias podemos cambiar para mejor el modo en que trabajamos y las cosas que podemos lograr.

En resumen…

- La procrastinación es retrasar lo que debemos hacer y puede ser un obstáculo para lograr nuestras metas. La procrastinación se puede superar, trabajando en ello día a día.
- Procrastinamos porque nuestro "yo presente" busca gratificación inmediata, mientras que nuestro "yo futuro" valora las recompensas de largo plazo. Este sesgo se llama "inconsistencia temporal".
- Es importante entender nuestras motivaciones y si las metas a largo plazo nos interesan realmente.
- Establecer fechas límite y plazos, identificar las cosas más importantes del día, empezar con tareas sencillas y gratificantes, y desmenuzar las metas en acciones concretas son algunas tácticas que pueden ayudarnos a vencer la procrastinación.
- Tener hábitos y rutinas facilitan enfocarnos en nuestro trabajo, en vez de gastar energía pensando en cómo organizarnos.

IV. Retroalimentación

"¡Ay del que cae cuando no hay otro que lo levante!"

— Eclesiastés, 4:10

Todos tenemos cierta tendencia a hacer la vista gorda ante nuestra falta de consistencia. Nadie es buen juez en causa propia, dice el refrán. Muchas veces nos autojustificamos con excusas y racionalizaciones que no aceptaríamos de otras personas.

Cuando elaboramos un plan de trabajo para la semana, éste se basa en la información que tenemos disponible al momento de hacer el plan. Usamos nuestro mejor criterio respecto al progreso que pensamos lograr. Conforme avanza la semana, necesitamos actualizar el plan para adaptarlo al avance real y a las circunstancias que no habíamos previsto.

Cuando estamos concentrados en seguir nuestro sistema, lo que vamos logrando queda rápidamente atrás. Un buen sistema debería estar diseñado explícitamente así, de modo que podamos enfocarnos en la ejecución.

Sin embargo, cada tanto es necesario asegurarnos de que seguimos en el camino correcto. De lo contrario, terminaremos racionalizando—es decir, inventando una buena excusa para justificar—nuestra falta de resultados. En las carreras de automóviles de alta velocidad algunos pocos segundos pueden ser la diferencia entre ganar la carrera o perderla. Sin embargo, los pilotos se detienen en los *pits* cuando es necesario para que el auto reciba servicio. Si no lo hicieran, corren el riesgo de no llegar al final de la carrera.

Cabe preguntarnos: ¿Hemos logrado los resultados que esperábamos esta semana? ¿Por qué? ¿Qué tan atinados fuimos en nuestras estimaciones de tiempo? ¿Estamos haciendo todo lo posible por alcanzar nuestras metas? ¿Qué hubiéramos hecho distinto?

No es suficiente saber qué hemos hecho y qué hemos dejado de hacer. Es importante entender el por qué, de modo que podamos tomar acción y no repitamos los mismos errores.

Nuestros sistemas necesitan retroalimentación, lo que en inglés se llama un *feedback loop*. De lo contrario, nuestro sistema no resultará confiable y, al ver la falta de resultados, dejaremos de usarlo.

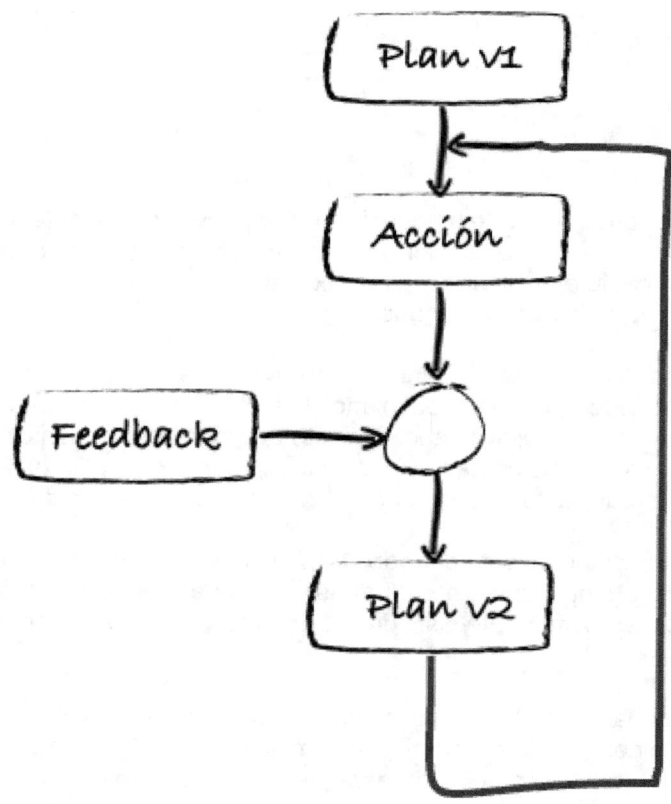

Agendando tiempo para revisar nuestro avance

Muchas personas altamente efectivas bloquean tiempo para revisar su avance—*review* en inglés—*antes* que otras cosas en su agenda. De este modo, se aseguran de hacer el *review* en el mejor momento.

Algunos puntos que pueden servirnos para hacer nuestra revisión:

Necesitamos un lugar dónde tomar nota de nuestras revisiones. Una hoja de cálculo funciona bien para algunas personas, otros prefieren un cuaderno… lo que mejor nos acomode.

Es bueno recordar la diferencia entre *síntomas* y *problemas*. Un síntoma es una manifestación visible y externa de un problema subyacente. Por ejemplo, la fiebre alta es un síntoma de que algo no anda bien con nuestra salud, pero la fiebre no es el problema en sí. Si nos quedamos solo en los síntomas y no profundizamos hasta llegar al problema, las medidas que tomemos para corregir el rumbo serán superficiales.

La procrastinación suele ser el síntoma de un problema subyacente. Muchas veces, detrás de la procrastinación está la falta de motivación. Si con frecuencia terminamos haciendo cosas aparentemente útiles, pero no lo que habíamos planeado para avanzar una meta, cabe preguntarnos si realmente queremos alcanzar esa meta. Si no estamos convencidos de lo que ganamos alcanzando una determinada meta, lo más probable es que nos encontremos haciendo otras cosas a la primera oportunidad.

Si algo no está funcionando, tratemos de establecer la causa para poder tomar las medidas necesarias.

A continuación se propone un posible esquema para hacer nuestros *reviews*.

Revisión diaria

Tiempo sugerido: 15 minutos

- Revisar el día. Revisar el calendario y comparar el tiempo que habíamos agendado para tareas concretas con el tiempo que realmente les dedicamos.
- ¿Qué pasos di hoy para lograr mis metas de esta semana? ¿Fueron suficientes?

- ¿Hay alguna tarea que no haya podido terminar? Reagendémosla en nuestro calendario para otro momento en la semana. (Esto puede implicar reordenar otras actividades y tareas.)

Revisión semanal

Tiempo sugerido: 30 minutos-1 hora

Podemos revisar la semana con la ayuda de estas preguntas:
- ¿Cuáles fueron los aspectos más destacados de esta semana?
- ¿Qué obstáculos nos encontramos? ¿Qué cosas no funcionaron?
- ¿Qué hemos aprendido de las cosas que no funcionaron?
- Si hay tareas que no logramos terminar en nuestro calendario, tengámoslas en cuenta para el siguiente punto.

Definamos las metas de la próxima semana:
- Teniendo en cuenta lo que hemos logrado hasta ahora, ¿cuál es la única cosa en la que tendríamos que enfocarnos esta semana para estar en camino a lograr nuestra meta mensual, y para que la meta mensual esté en camino de ayudarnos a lograr nuestra meta anual?
- Si es necesario, descompongamos las metas en pasos o acciones concretas para la semana. Estimemos el tiempo para cada paso, y separemos el tiempo respectivo en nuestra agenda de la próxima semana.

La plantilla de la siguiente página puede servir para llevar el control diario y hacer la revisión al final de la semana.

AVANCE DIARIO	Pasos que he dado para lograr mi meta semanal	Fue suficiente?	
META SEMANAL		SÍ	No
Lun 1 Jul.			
Mar 2 Jul.			
Mié 3 Jul.			
Jue 4 Jul.			
Vie 5 Jul.			
Sáb 6 Jui.			
Dom 7 Jul.			

Revisión Semanal

Puntos importantes de la semana que pasó	
Qué se interpuso en el camino/Qué no funcionó	
Qué he aprendido de lo que no funcionó	

Revisión mensual

Tiempo estimado: 30-60 minutos

Tip: Podemos usar el tiempo agendado para la última revisión semanal del mes. Si es necesario, agendemos algo de tiempo adicional.

- Primero, revisemos el avance de la semana.

Para cada meta, revisemos lo que hemos hecho en el mes.

¿Estamos en camino de alcanzar la meta anual? Si no es así, ¿por qué? ¿Qué tiene que cambiar para lograrlo?

Revisemos las notas que hemos tomado en las revisiones de las semanas pasadas.

- ¿Cuáles fueron los aspectos más destacados de este mes, cara a la meta?
- ¿Qué obstáculos encontramos?
- ¿Qué aprendimos de las cosas que no funcionaron? ¿Hay algún patrón común en las cosas que no salieron bien? ¿Qué puedo hacer para evitar que se repita la situación el próximo mes? No podemos controlar los eventos externos, pero muchas veces podemos planear cómo sortear los obstáculos.

Definamos las metas para el próximo mes:
- En base a lo que hemos logrado hasta el momento, ¿qué es lo único en que deberíamos enfocarnos el próximo mes para estar encaminados a nuestra meta anual?

Hagamos el plan de la próxima semana:
- ¿Qué es lo único que tendríamos que hacer esta semana con respecto a esta meta para estar encaminados a lograr nuestra meta mensual?
- Desagreguemos la meta semanal en los pasos o sub-metas necesarias y marquemos los bloques de tiempo necesarios para trabajar en esta meta cada día de la próxima semana en nuestra agenda.

Como es lógico, no se trata de usar *exactamente* este esquema para nuestras revisiones. Conforme vayamos teniendo algo de experiencia, podemos ir introduciendo las mejoras que juzguemos oportunas. La base, sin embargo, no debería alterarse: necesitamos revisiones frecuentes para asegurarnos de que estamos en el camino correcto.

En resumen...

- Tendemos a autojustificarnos y racionalizar nuestra falta de resultados.
- Necesitamos de la retroalimentación para asegurarnos de que seguimos en el camino correcto y tomar medidas para mejorar nuestros sistemas.
- Es importante distinguir entre síntomas y problemas para poder tomar medidas efectivas.
- Una revisión diaria y semanal de nuestro progreso y objetivos nos ayuda a mantenernos enfocados y avanzar hacia nuestras metas.

V. Conclusión

Espero que hayas encontrado útil este libro, y que te ayude a lograr tus metas.

Definir nuestras metas de modo explícito nos ayudará a planear nuestros días y a vivirlos de modo consistente con lo que queremos lograr. Esto parece obvio, pero mucha gente no lo hace. Terminan su día agotados después de haber empleado sus mejores energías en cosas que no las acercan un centímetro a sus metas.

Cuando tenemos metas de largo plazo claras, no es difícil concretar las metas y planes para el mediano y corto plazo. El reto en realidad es hacer cada día lo que es necesario para avanzar hacia esas metas. Finalmente un plan es solo eso: una declaración de cómo nos gustaría que se desarrollen las cosas. Conforme pasan los días, necesitamos adaptar nuestro plan para que realmente lleguemos a nuestras metas. Nuestra travesía se parece más a navegar en alta mar que a conducir en autopista.

Los sistemas y rutinas nos ayudan a alcanzar nuestras metas porque nos permiten enfocarnos en el proceso que nos llevará al resultado, en vez de tener que pensar cada día cuál es el mejor modo de lograrlo. Nos dan claridad respecto a qué tenemos que hacer. Las rutinas, además, crean hábitos, y los hábitos reducen el esfuerzo necesario para seguir nuestro sistema. Los hábitos positivos son los que los filósofos clásicos llamaban virtudes y son esenciales para cualquier cosa que valga la pena. A base de fuerza de voluntad, a secas, o esperando a que algo nos apasione para empezar a trabajar, no llegaremos muy lejos.

Las revisiones—nuestros lazos de retroalimentación, o *feedback loops*— son indispensables en cualquier sistema porque permiten medir el progreso para hacer las correcciones necesarias.

Finalmente, el proceso que nos ha servido años en un contexto específico puede no ser el más adecuado si el contexto cambia. Por eso, debemos mejorar y adaptar nuestros sistemas según nuestras necesidades. Como dice Marshall Goldsmith, considerado uno de los mejores coaches ejecutivos del mundo, lo que nos trajo hasta aquí no necesariamente nos llevará más allá.

Apéndice

Descarga las plantillas del libro

 Puedes descargar las plantillas de este libro sin costo escaneando el código QR o en este link:

https://zoia.org/metas-templates

Libros y otros recursos

A continuación algunas fuentes que he encontrado útiles.

The ONE Thing: The Surprisingly Simple Truth Behind Extraordinary Results, por Gary Keller and Jay Papasan. En español, el libro se llama ***Lo Único***. Es un libro dedicado al foco necesario para lograr metas extraordinarias. No llevo la cuenta de cuántas veces he recomendado este libro a otras personas.

Getting Things Done: The Art of Stress-Free Productivity, por David Allen. Este libro, también conocido como "GTD", es considerado la referencia estándar sobre productividad. Solo hay que tener en cuenta que los procesos que recomienda Allen fueron escritos antes de que existieran las herramientas informáticas con que contamos hoy en día.

Atomic Habits, por James Clear. He leído muchos libros sobre hábitos, y el de James Clear es de lo mejor que he encontrado. Es concreto y resume muy bien lo que necesitamos saber para desarrollar nuestros hábitos.

Time Management for System Administrators: Stop Working Late and Start Working Smart, por Thomas A. Limoncelli. Este libro da consejos bien aterrizados y llenos de buen humor sobre cómo pricrizar, tomar cosas de las cosas que necesitamos hacer, manejar nuestras relaciones con colegas, jefes y clientes internos... Aunque el título dice "para administradores de sistemas", en realidad no hay nada específico para profesionales de Sistemas en el libro.

The Effective Executive: The Definitive Guide to Getting the Right Things Done, por Peter F. Drucker. Otro clásico sobre cómo hacer correctamente las cosas correctas.

The Focus Course, por Shawn Blanc. (https://thefocuscourse.com/). Se trata de un curso de pago de 40 días. El curso es de gran ayuda para tener claridad sobre nuestros valores, roles, visión de nuestra vida, legado, etc. Todo el contenido es de primera calidad. No es barato pero altamente recomendado. (Disclaimer: no tengo ninguna relación con Shawn Blanc ni recibo comisión alguna por promocionar su curso.)

The Pomodoro Technique, por Francesco Cirillo. Un libro sobre foco y cómo lograr trabajar sin distracciones. Es una técnica sencilla pero sumamente eficaz, usada por mucha gente alrededor del mundo. Sugiero visitar la página de Cirillo para hacerse una idea de en qué consiste la Técnica del Pomodoro.

The War of Art, por Steven Pressfield. Un libro sobre cómo ganar la batalla contra los demonios interiores y otros obstáculos que evitan que hagamos nuestro trabajo, y que marcan la diferencia entre el amateur y el profesional.

Agradecimientos

En primer lugar, quiero agradecer a mi esposa Natalia por su continuo aliento y ayudarme a probar y conversar sobre distintos enfoques e ideas. También agradezco su transparencia para hacer notar las cosas que le parecían que debían cambiarse o mejorar. El feedback honesto y amable es un regalo valioso y poco frecuente en la vida. En cierto modo, este libro es tan suyo como es mío. Natalia es una persona extraordinaria.

Mis padres merecen un agradecimiento especial, porque me enseñaron en la práctica sobre hacer lo correcto, la constancia, y dar lo mejor de uno en las cosas que hacemos.

También quiero agradecer a las personas que se tomaron el tiempo de leer los borradores del libro y enviarme sus sugerencias, o compartieron su experiencia de cómo organizan su tiempo: Luis Arrieta, Luis Avellaneda, Adrián Barrios, Juan Carlos Pastor, Juan Carlos Fernández, Jorge Luis Castillo, Diego Chirinos, Alejandro Fontana, César García, Leonardo Gómez, José Goyburu, Miguel Gutiérrez, Roberto Hernani, Carla Leveroni, Javier Masías, Manuel Monge, Fernando Pérez-Lizando, Guillermo Quiroga, Juan Palbo Sanguinetti, Enrique Seminario, Patrick Splittler, Víctor Valle, y Juan Carlos Zimmerman. Gracias también a los que ayudaron a promocionar este libro o lo compartieron de algún modo.

Finalmente, gracias a todos los que hayan leído el libro. Sinceramente espero que los ayude a convertirse en la mejor versión de sí mismos.

Sobre el autor

Roberto Zoia es experto en tecnología y ciberseguridad. Vive en Lima, Perú felizmente casado con Natalia y sus tres hijos.

Desde que tiene uso de razón, Roberto tiene un apetito insaciable por todo lo relacionado con tecnología y por seguir aprendiendo. Está siempre devorando varios libros simultáneamente, tomando nota de todo lo que lee. Tiene un gran afán por hacer el mejor uso de su tiempo, lo que lo ha llevado a probar y perfeccionar su modo de trabajar y sacar las cosas adelante.

El 2017 publicó el libro "Effective Goal Setting", y el "Alcanza tus metas", 2023 la edición revisada en español.

Puedes encontrar más de Roberto en:

- Su página web (https://zoia.org)
- LinkedIn (https://www.linkedin.com/in/rzoianesta/)
- Twitter/X (https://x.com/rzoian)
- Mastodon (https://fosstodon.org/@robertoz).